EXTREME DOT PUZZLES WITH OVER 30000 DOTS

# DOT TO DOT PUZZLE
BY **VANESSA GOLDMAN**

## AROUND THE WORLD TRIP

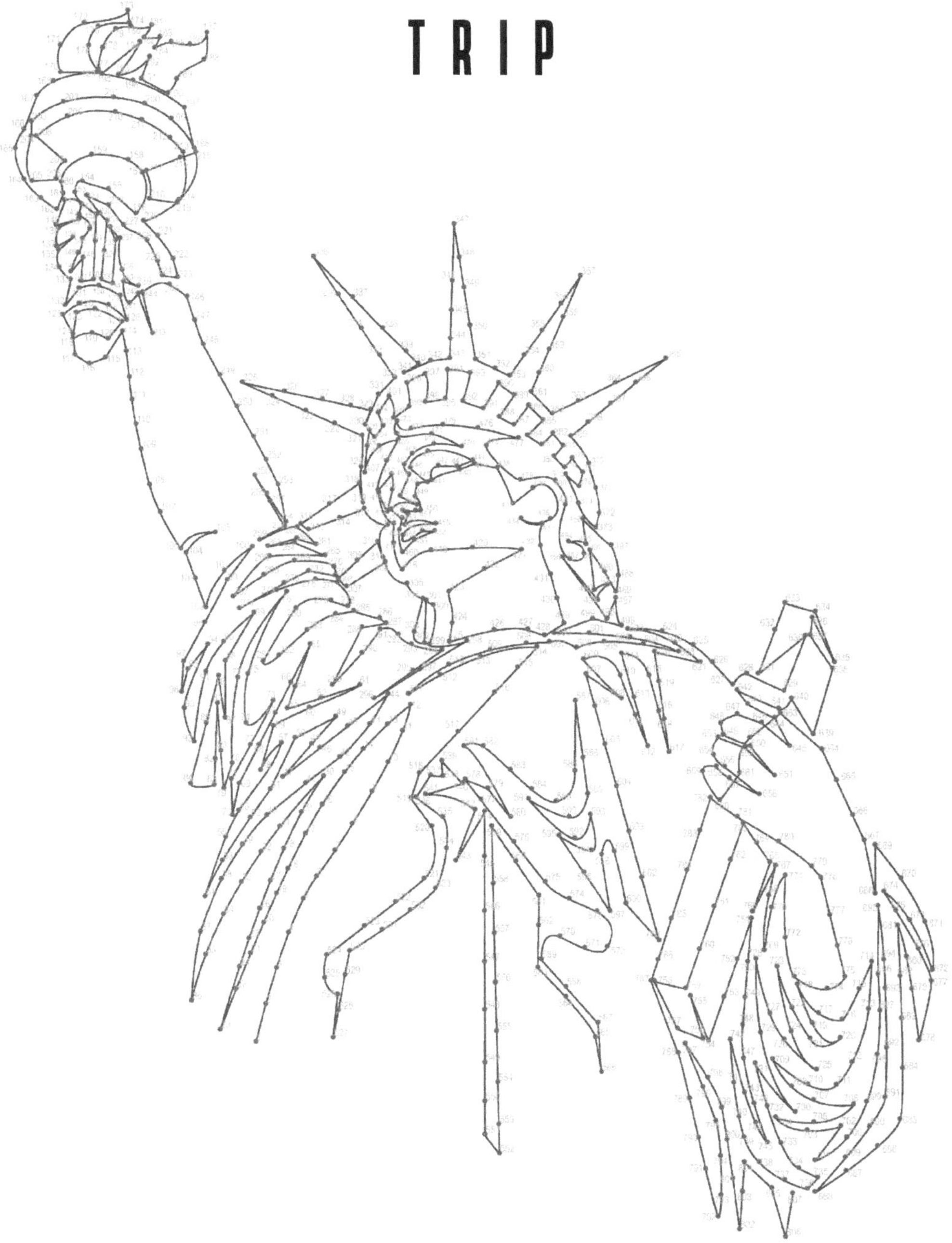

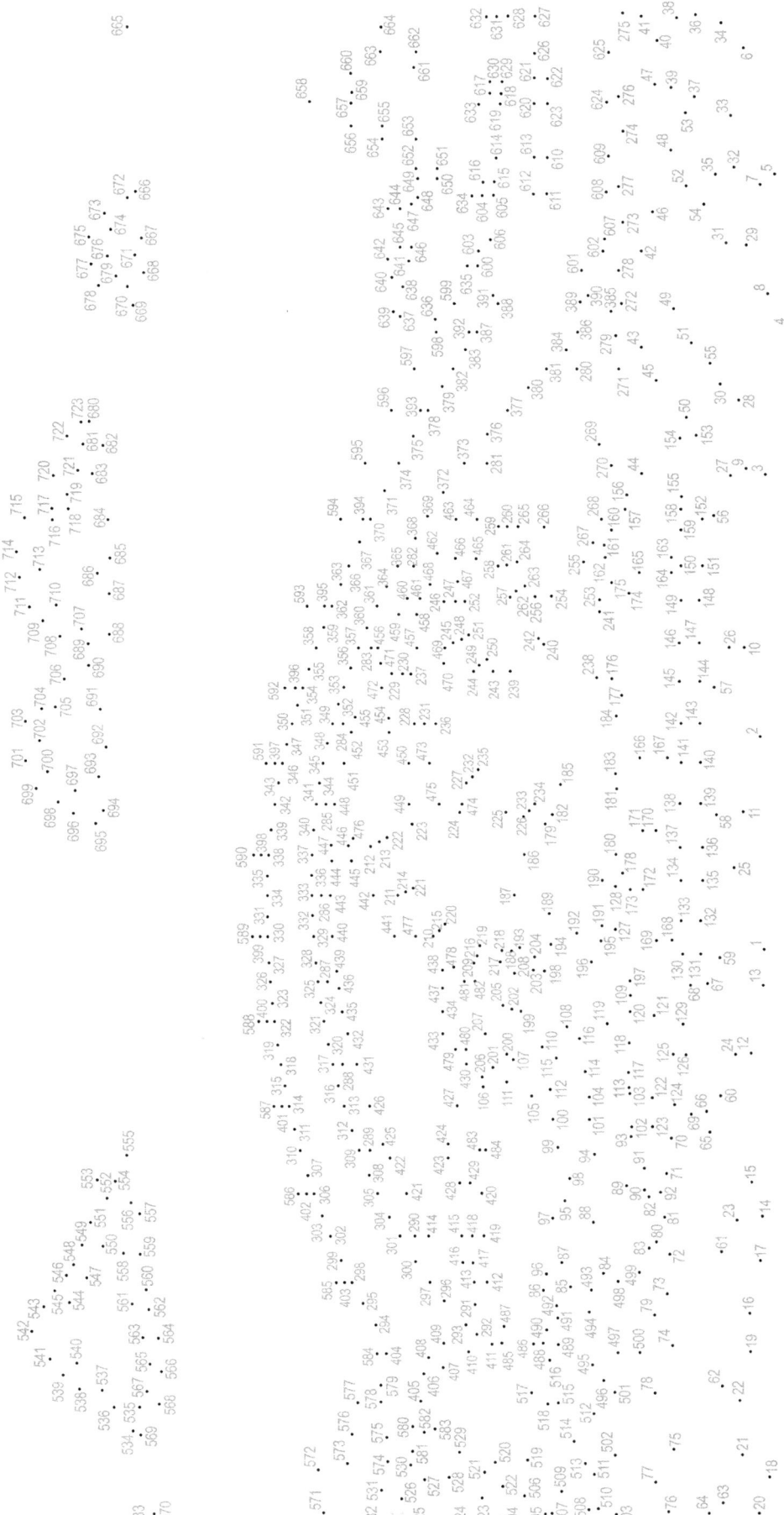

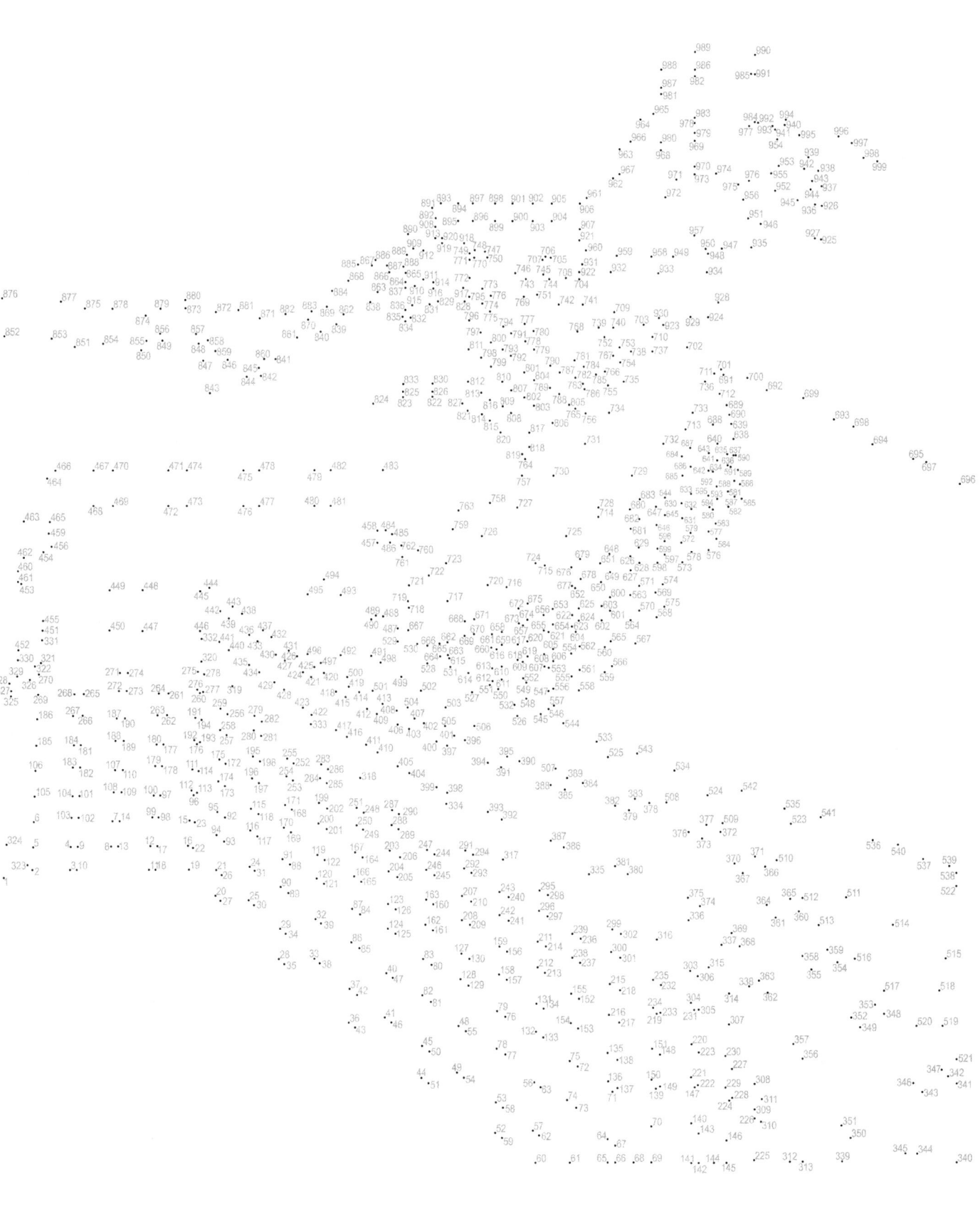

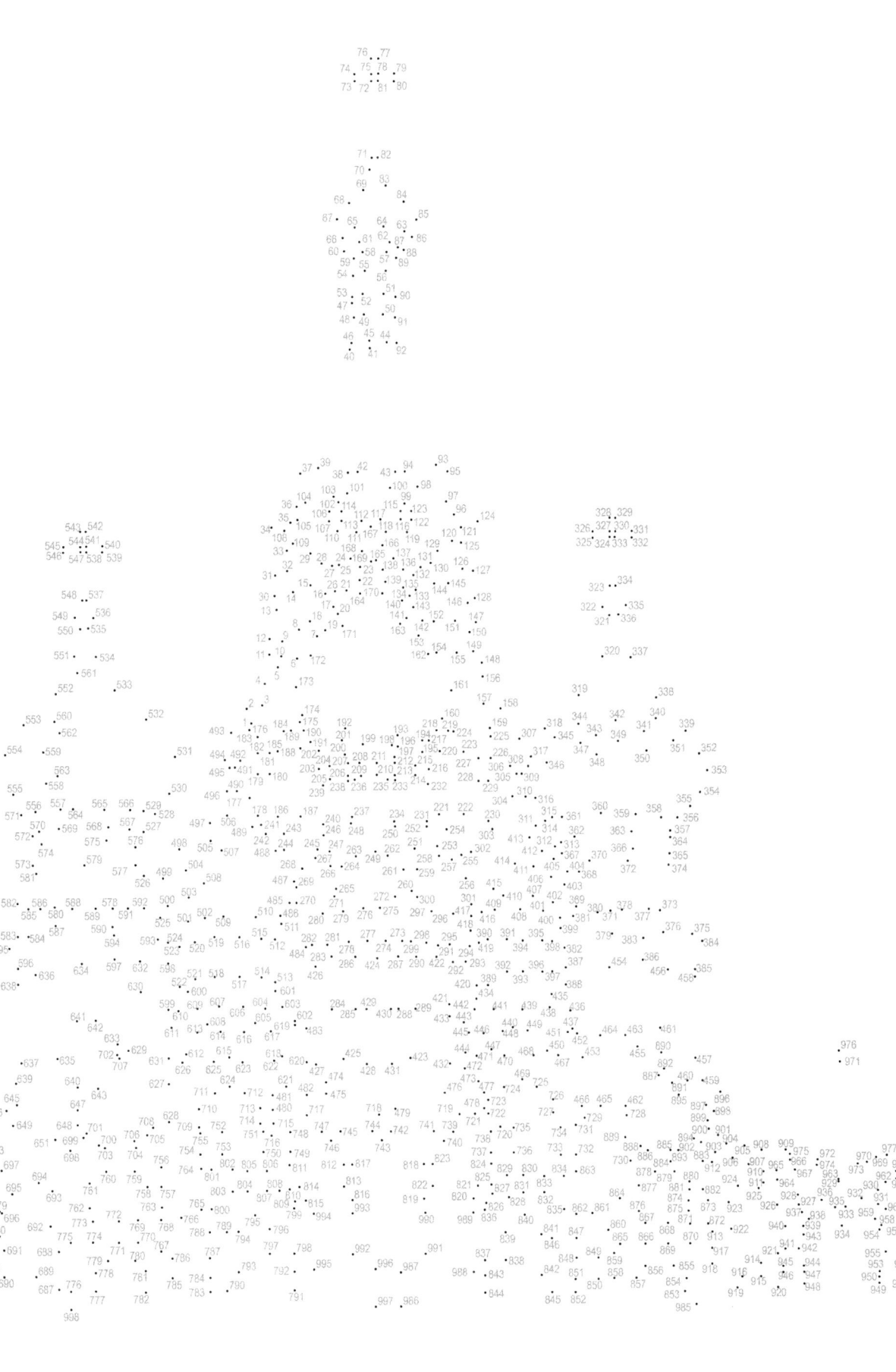

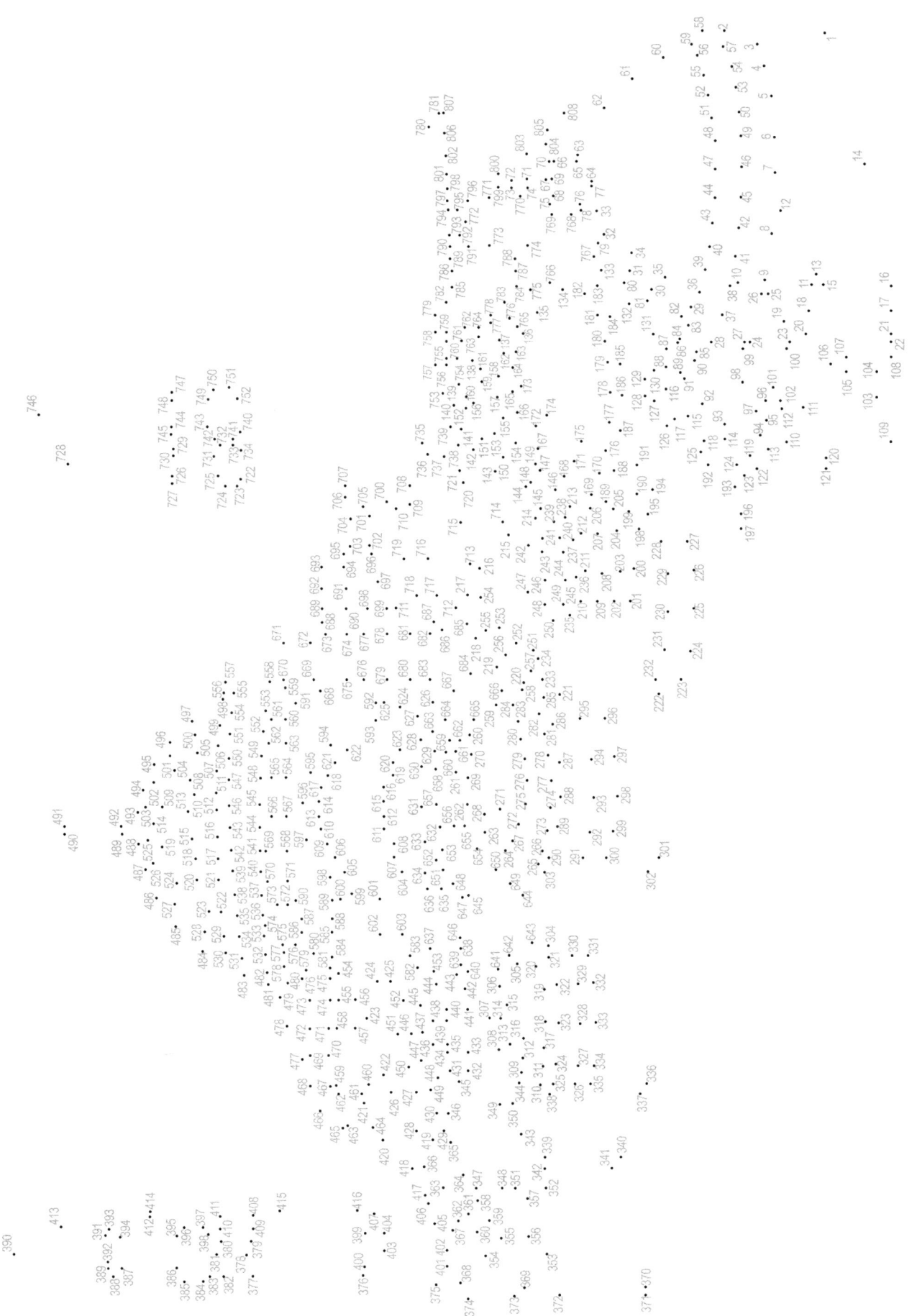

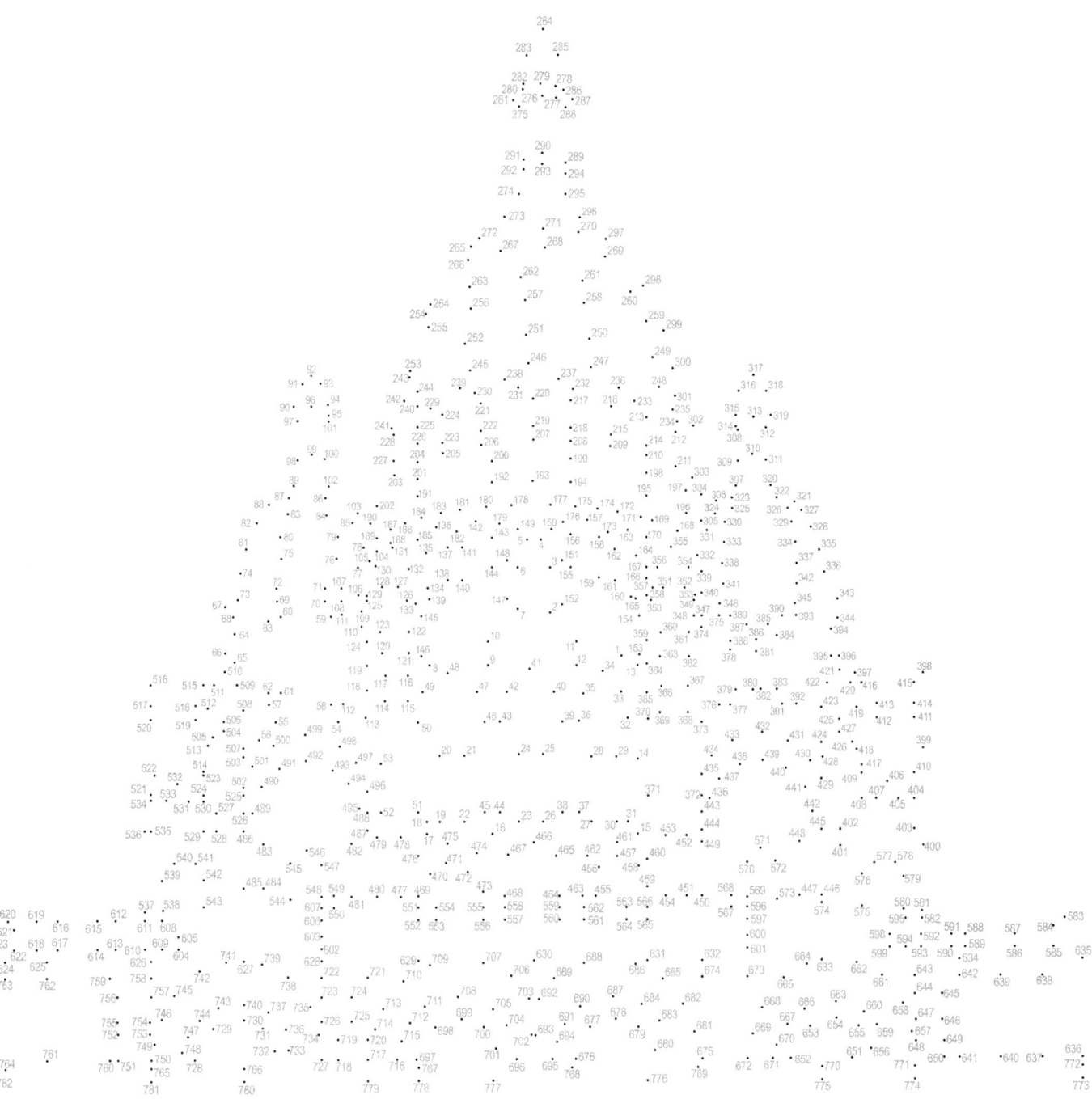

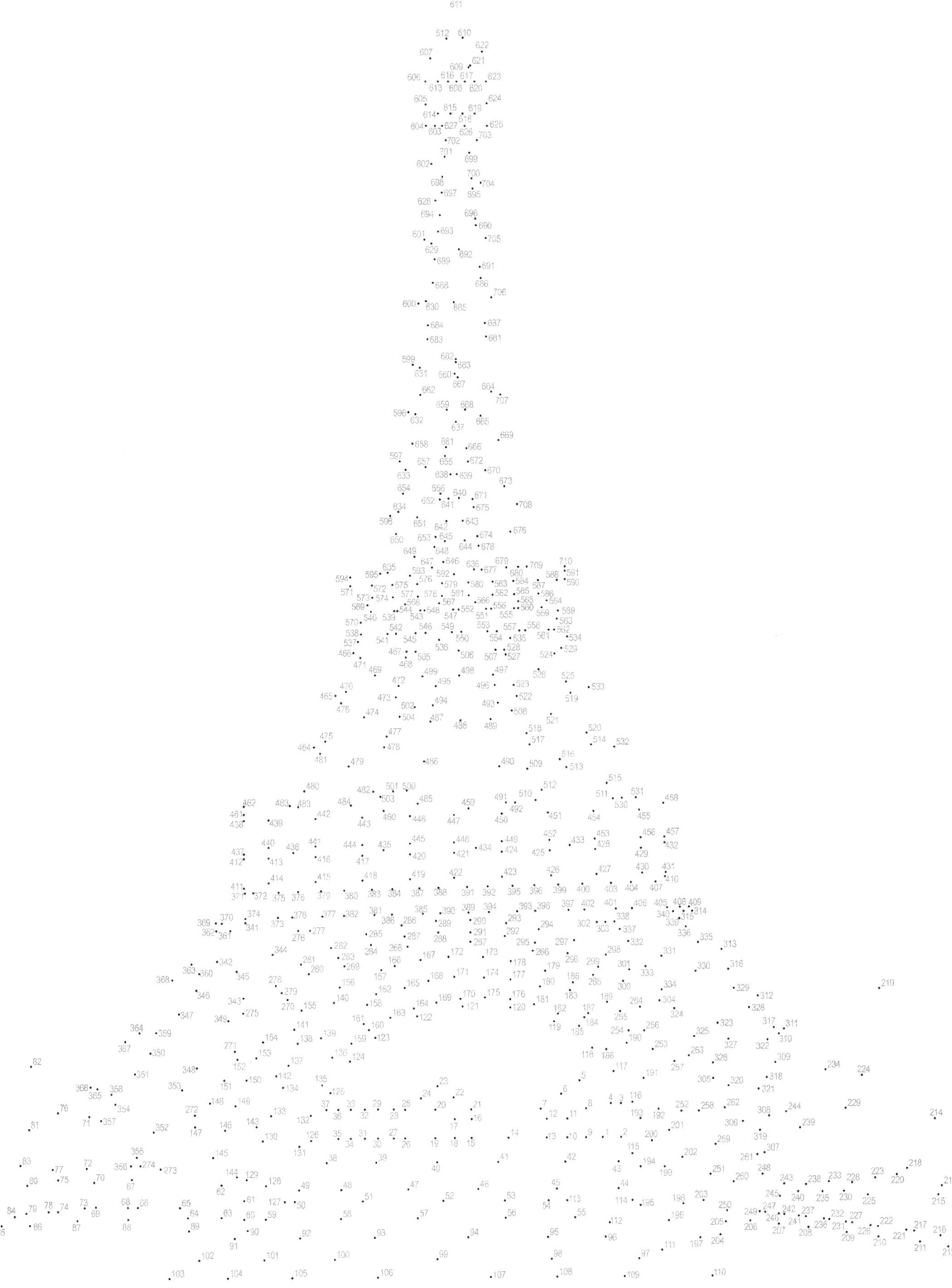

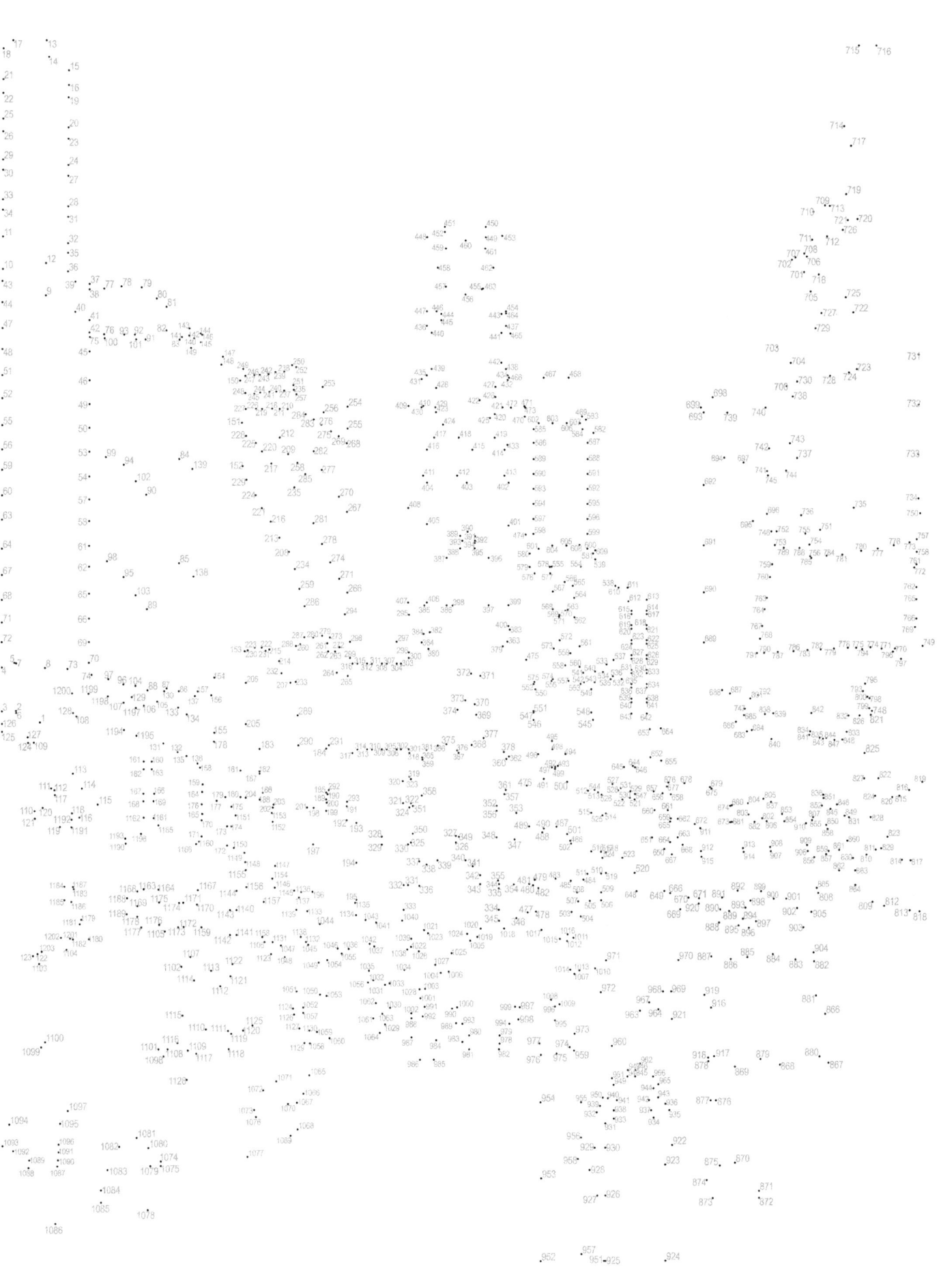

# Solutions

Page 3: Auckland, New Zealand: Skyline

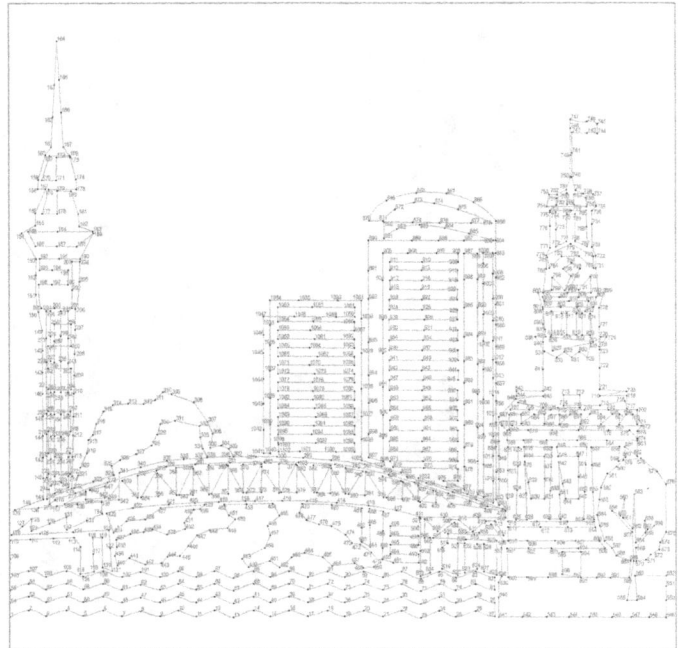

Page 5: Sydney, Australia: Opera House & Harbour Bridge

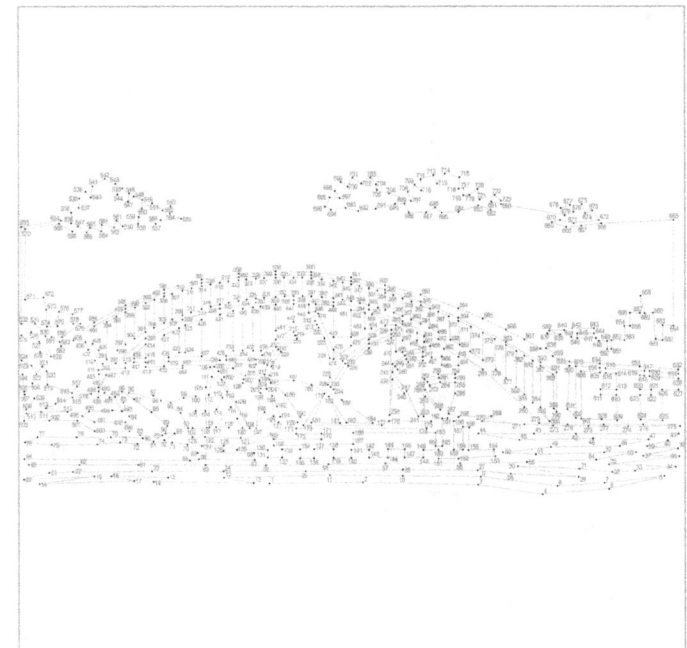

Page 7: Tokyo, Japan: Tower

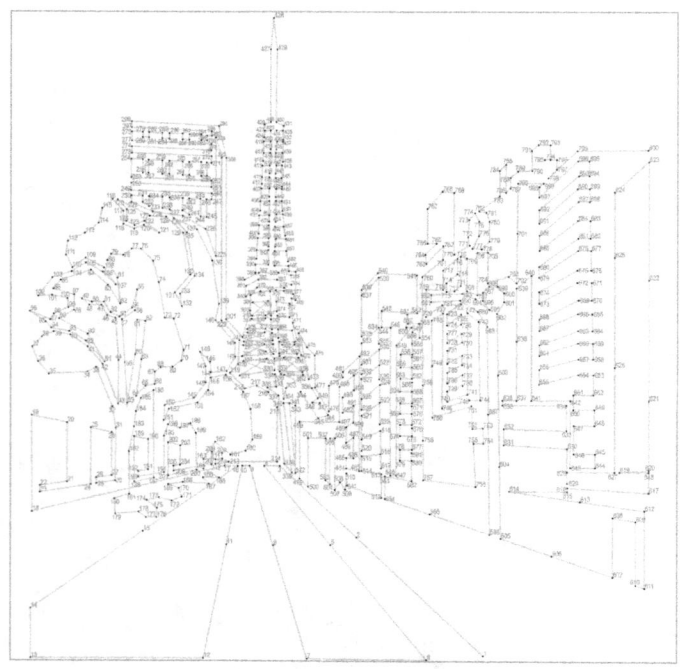

Page 9: Tokyo, Japan: Senso-Ji Temple

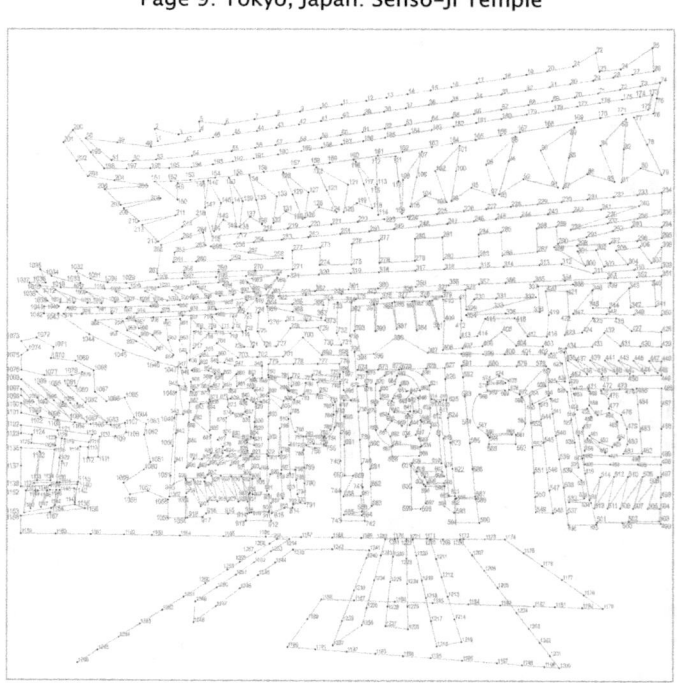

Page 11: Itsukushima, Japan: Itsukushima Shrine

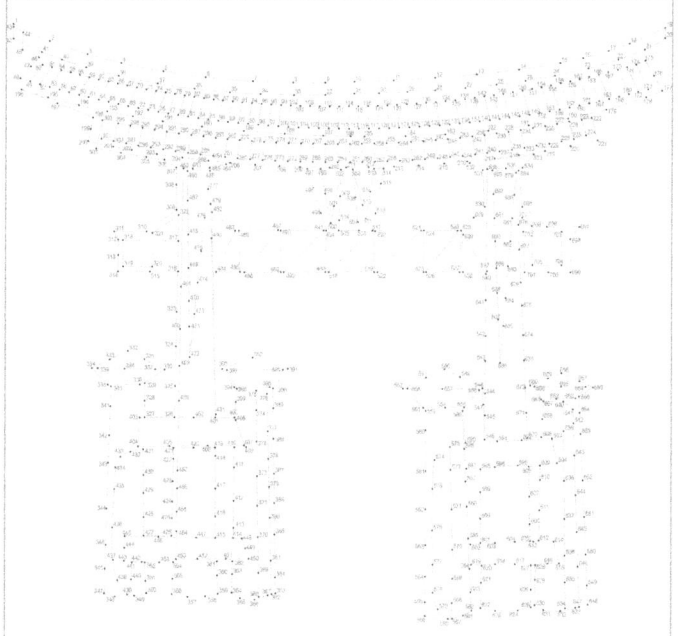

Page 13: Lantau Island, Hongkong: The Big Buddha

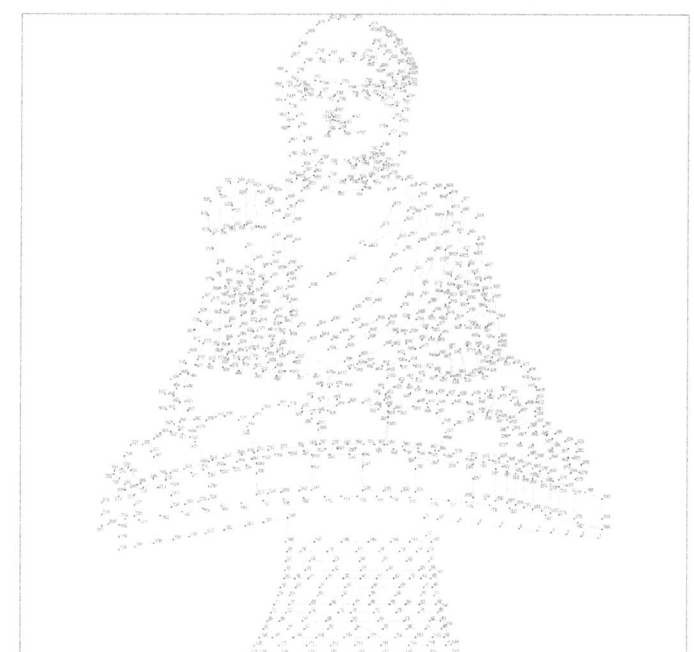

Page 15: Shanghai, China: Pearl Tower

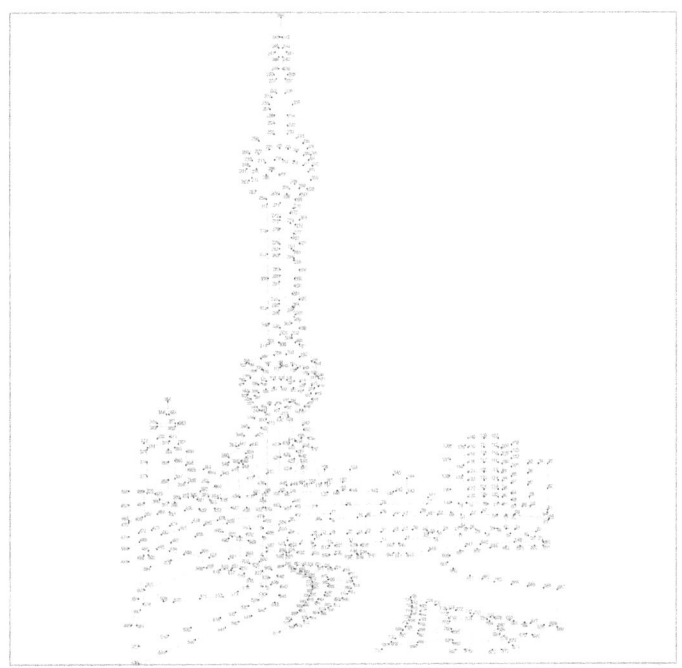

Page 17: Great Wall of China

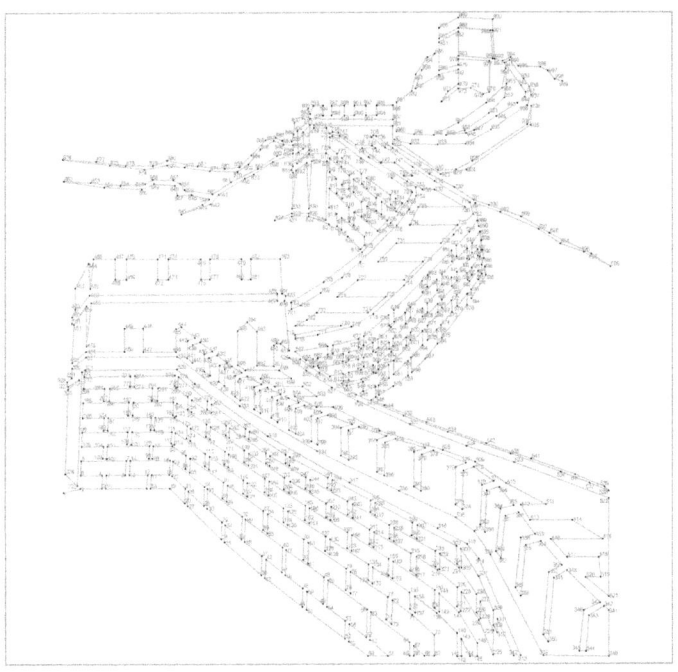

Page 19: Siem Reap, Cambodia: Angkor Wat

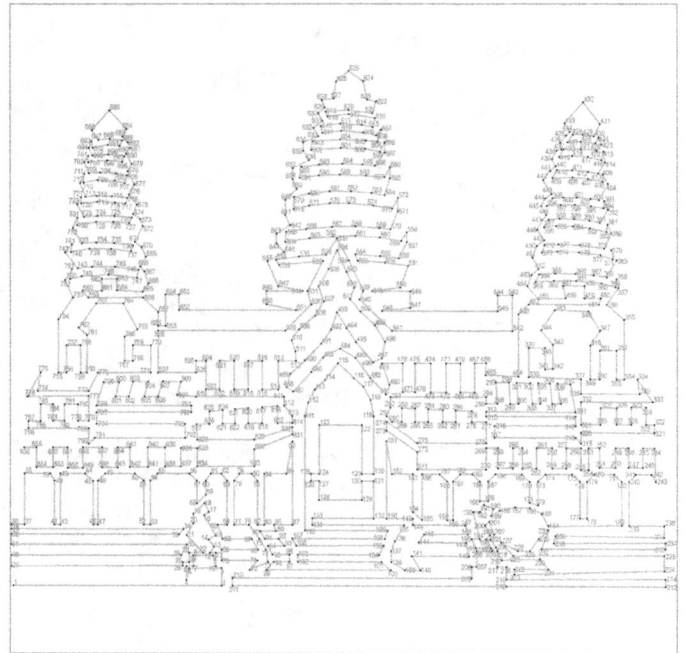

Page 21: Bangkok, Thailand: Wat Phra Kaew

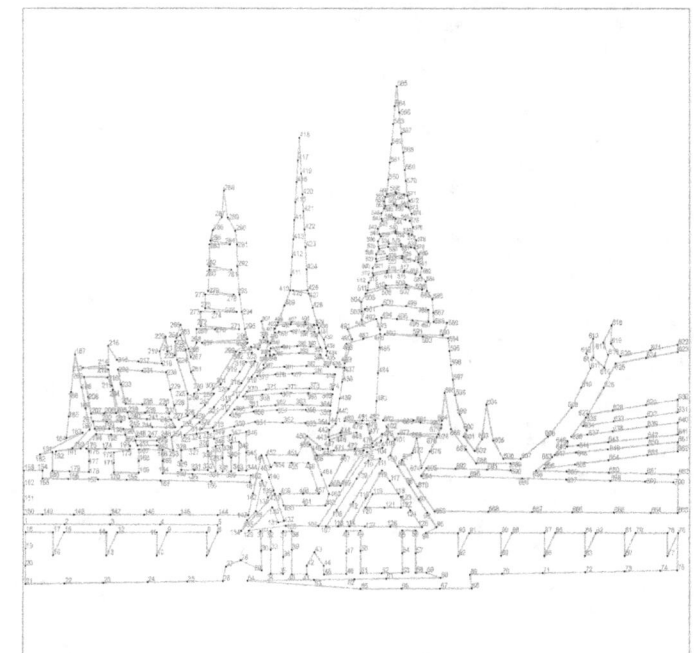

Page 23: Agra, India: Taj Mahal

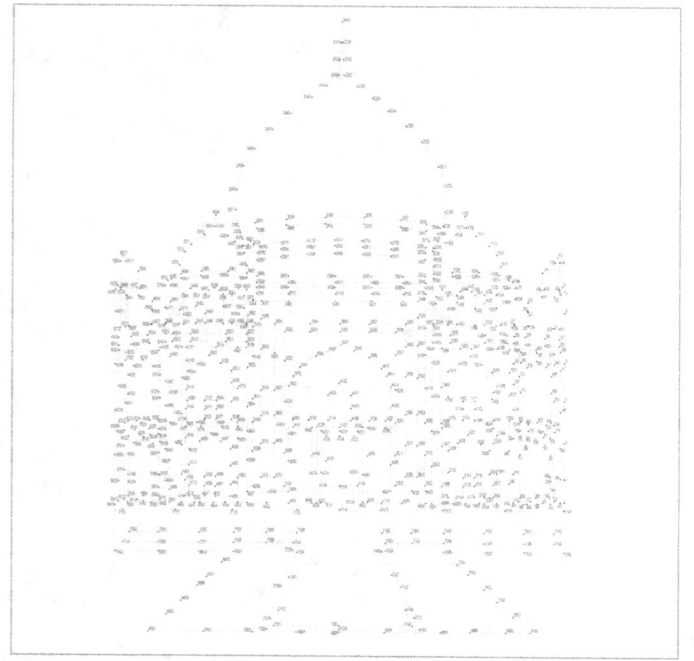

Page 25: Moscow, Russia: Saint Basil's Cathedral

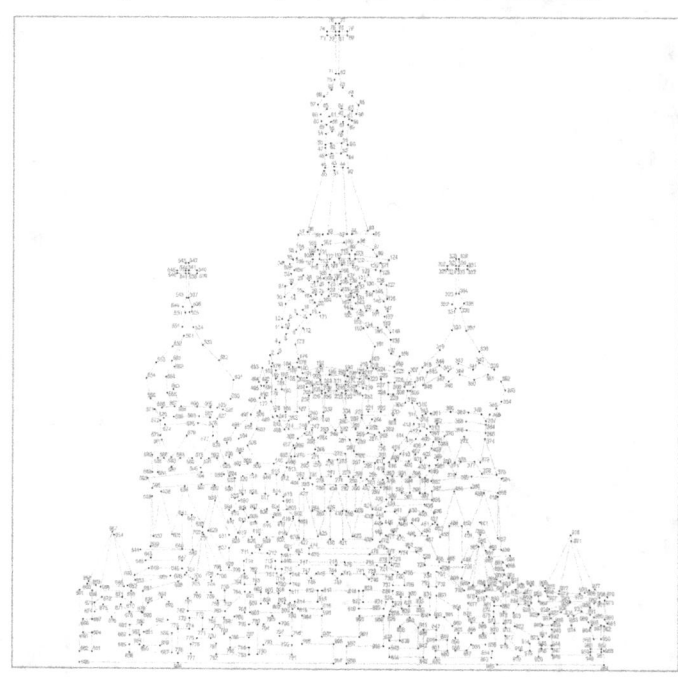

Page 27: Petra City, Jordan: The Treasury

Page 29: Giza, Egypt: The Great Sphinx of Giza

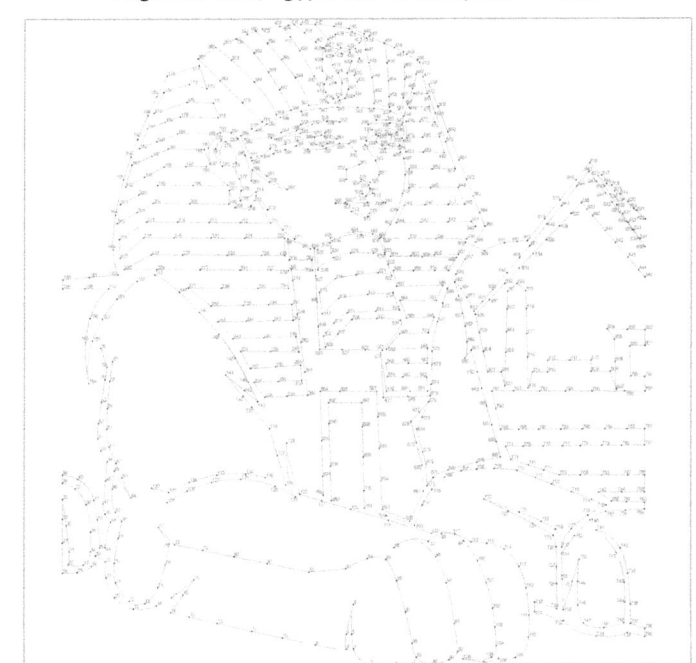

Page 31: Giza, Egypt: The Egyptian Pyramids

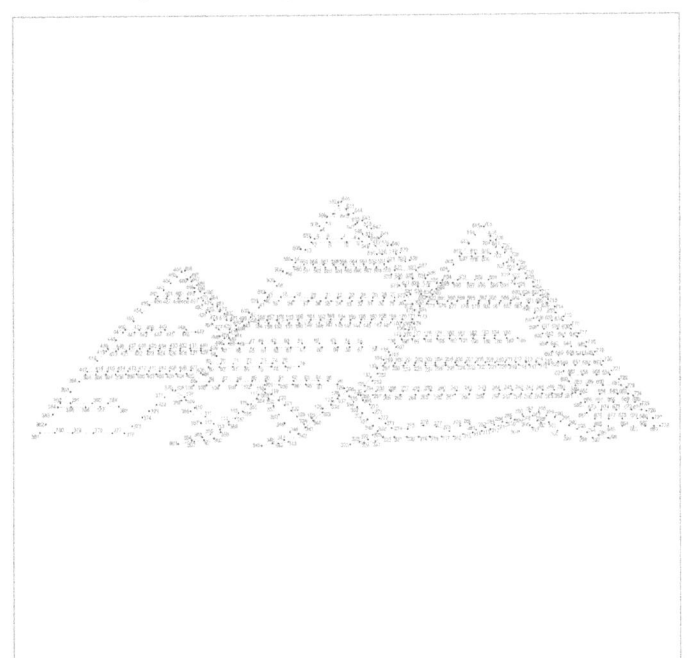

Page 33: Istanbul Turkey: Hagia Sophia

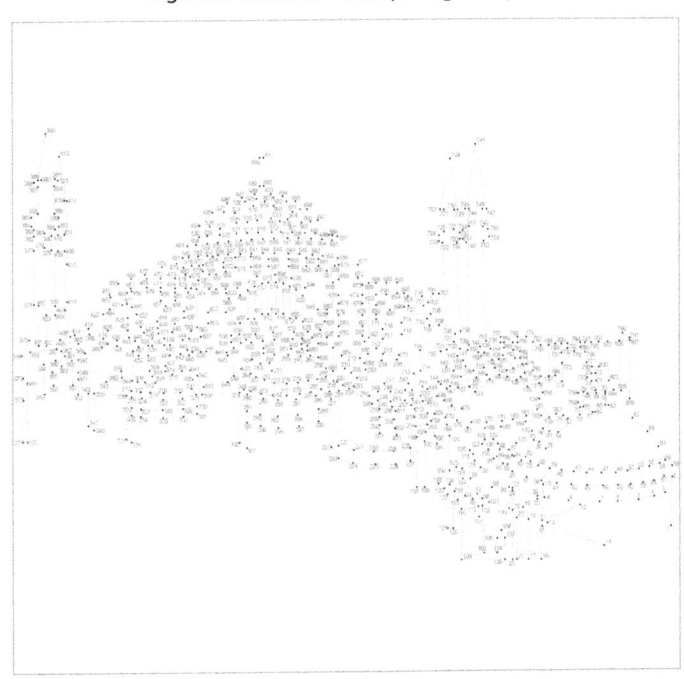

Page 35: Florence, Italy: Ponte Vecchio

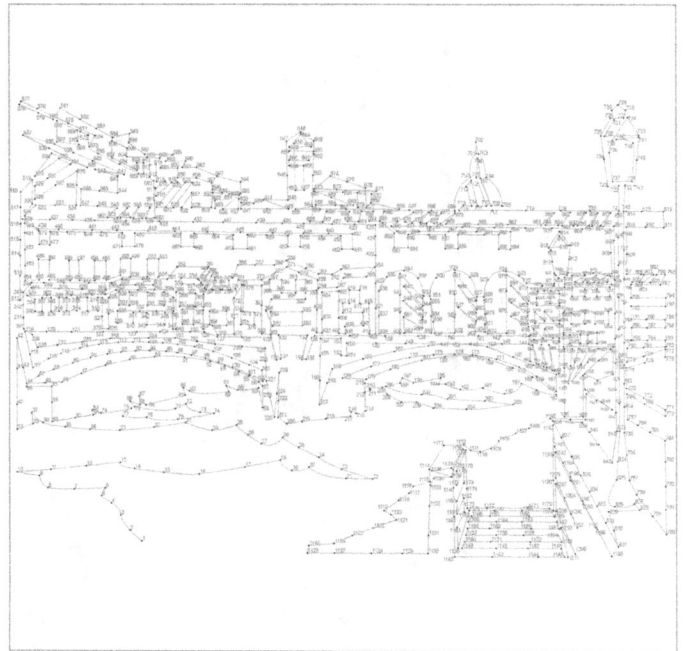

Page 37: Rome, Italy: St. Peter's Basilica

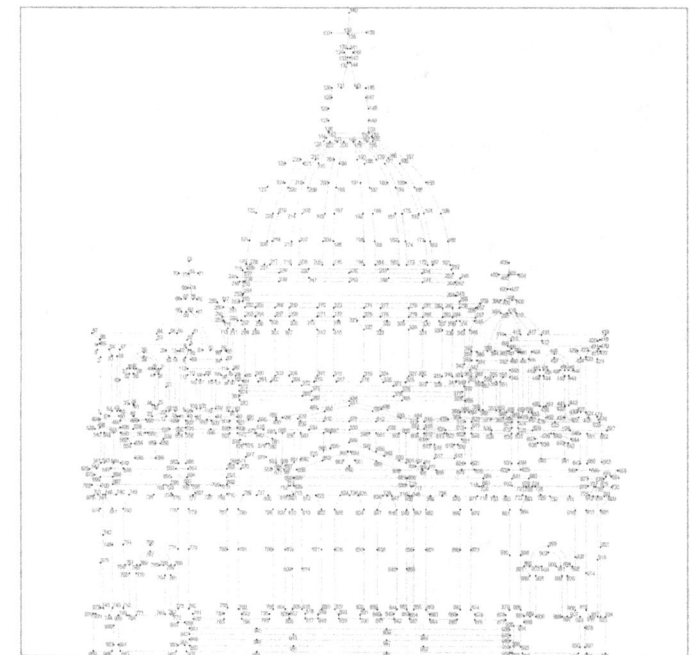

Page 39: Rome, Italy: Trevi Fountain

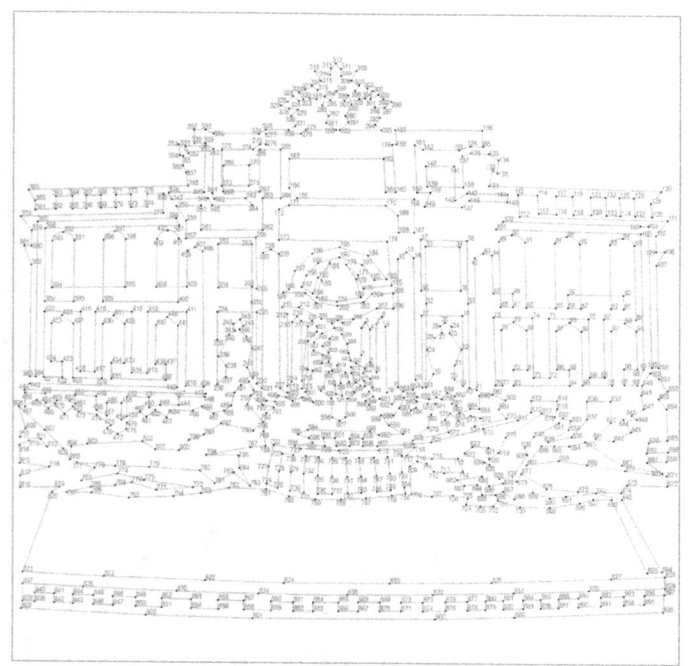

Page 41: Rome, Italy: Colosseum

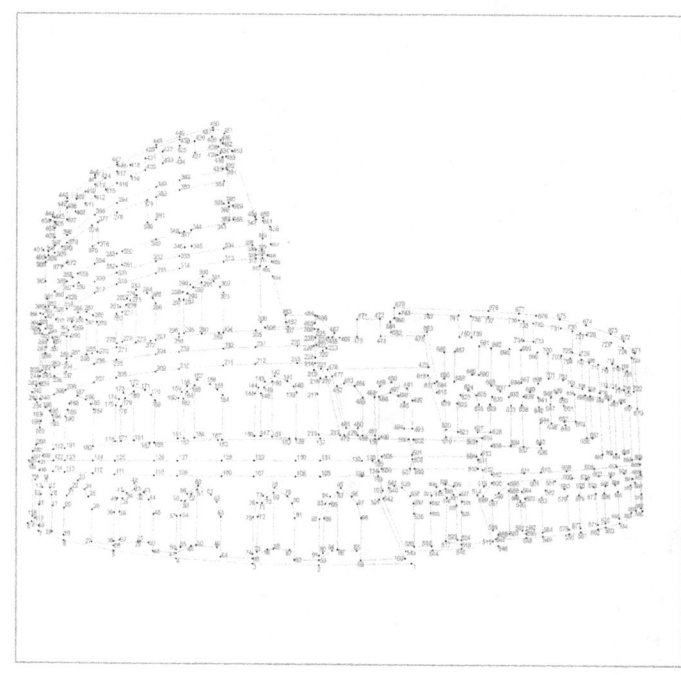

Page 43: Pisa, Italy: Leaning Tower of Pisa

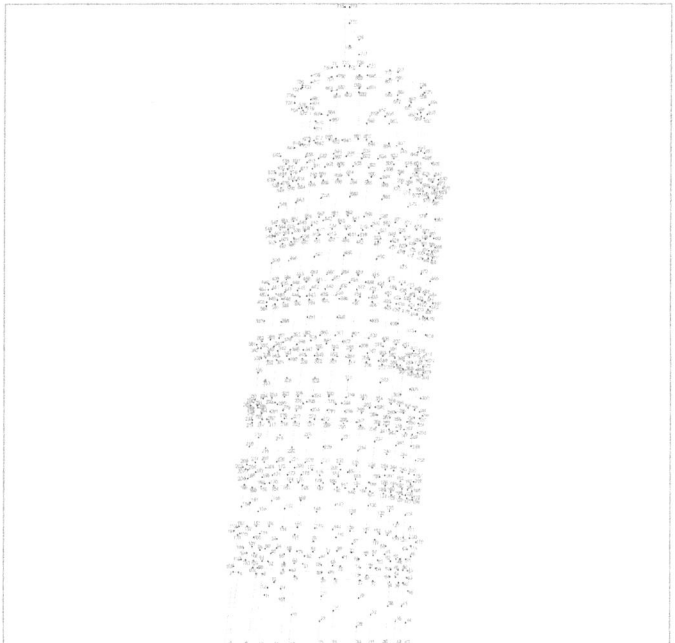

Page 45: Hohenschwangau, Germany:

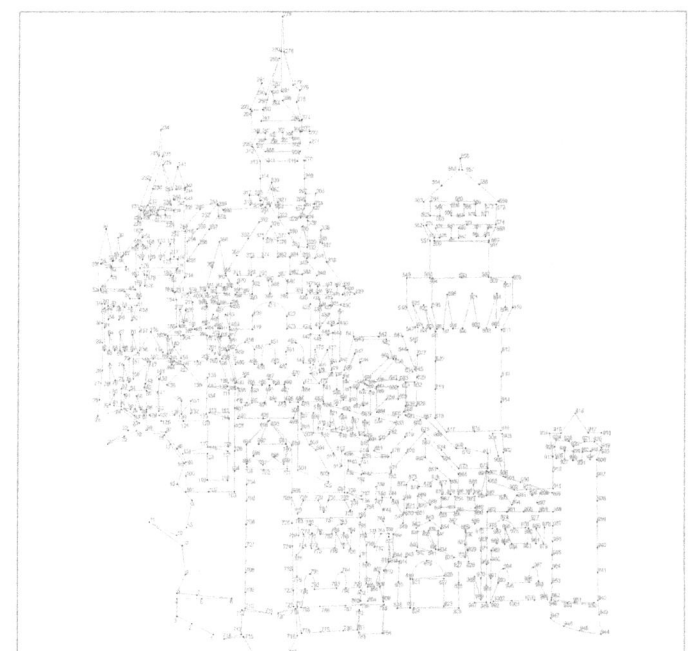

Page 47: Amsterdam, Netherlands

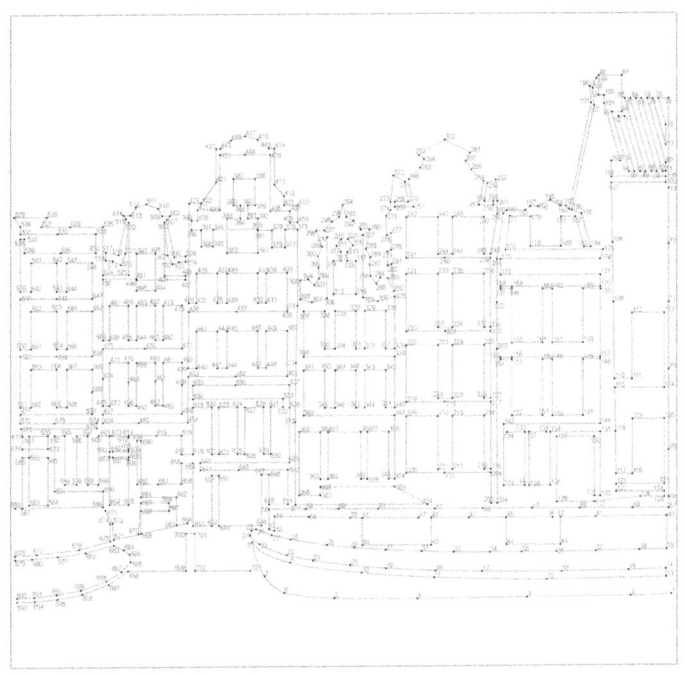

Page 49: Paris, France: Sacré-Cœur

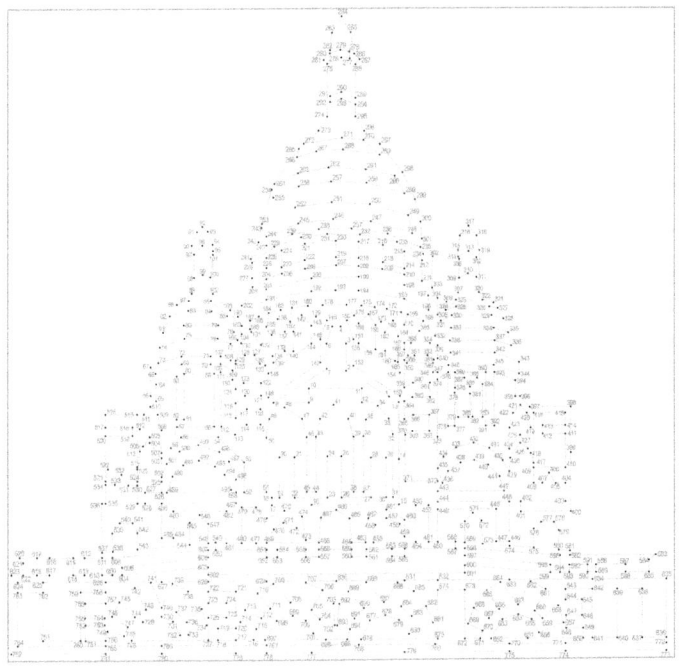

Page 51: Paris, France: Notre-Dame de Paris

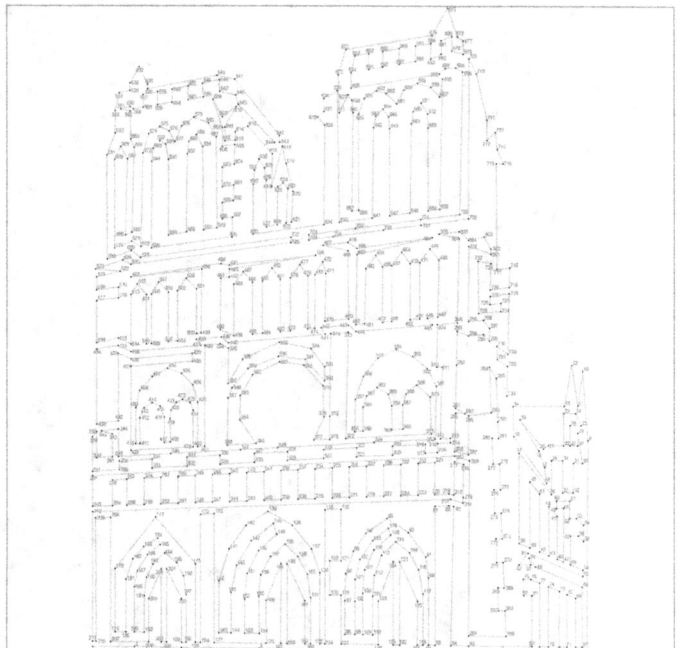

Page 53: Paris, France: The Louvre

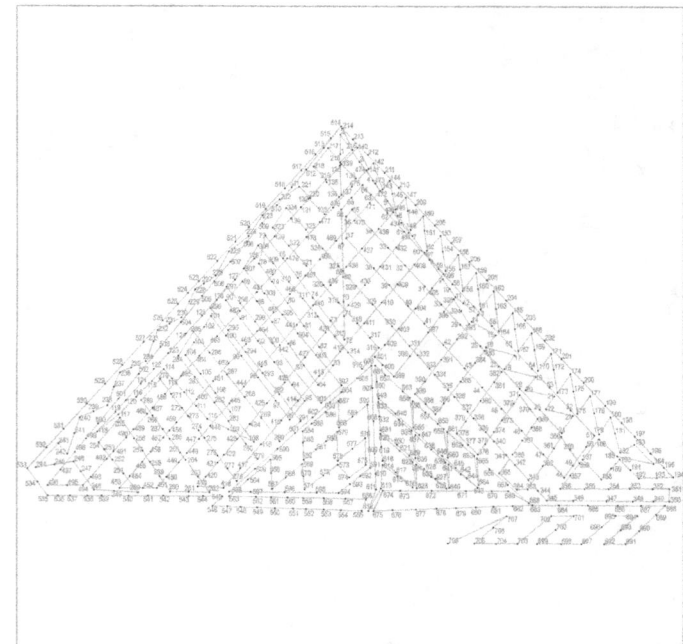

Page 55: Paris, France: Eiffel Tower

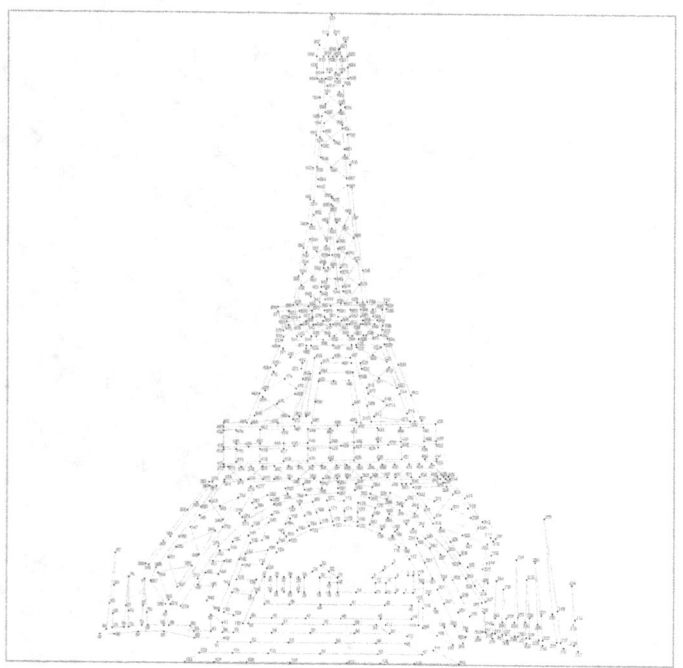

Page 57: London, England: Big Ben

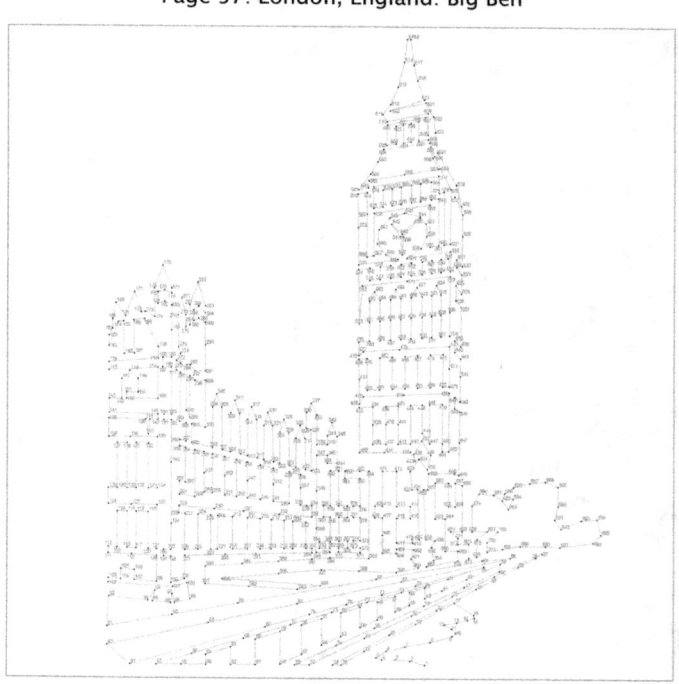

Page 59: Barcelona, Spain: Sagrada Familia

Page 61: Granada, Spain: Alhambra

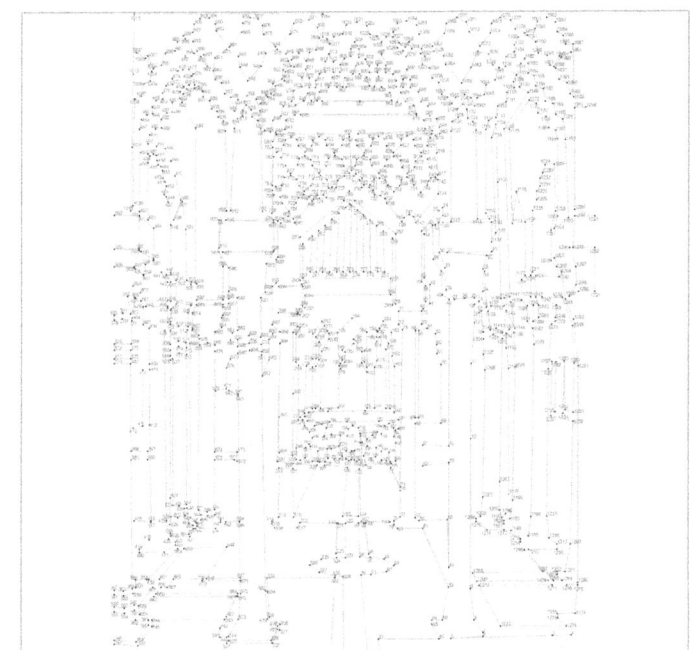

Page 63: Rio de Janeiro, Brazil: Christo Redentor

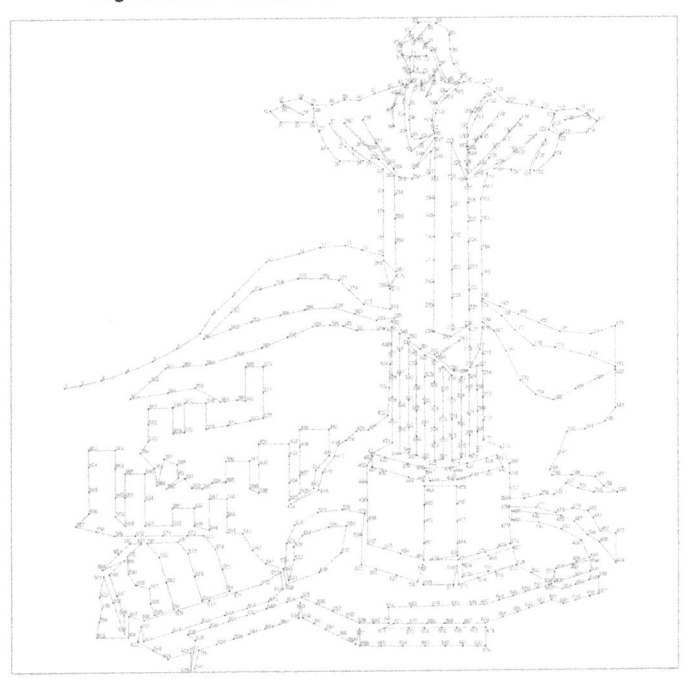

Page 65: Cuzco Peru: Machu Picchu

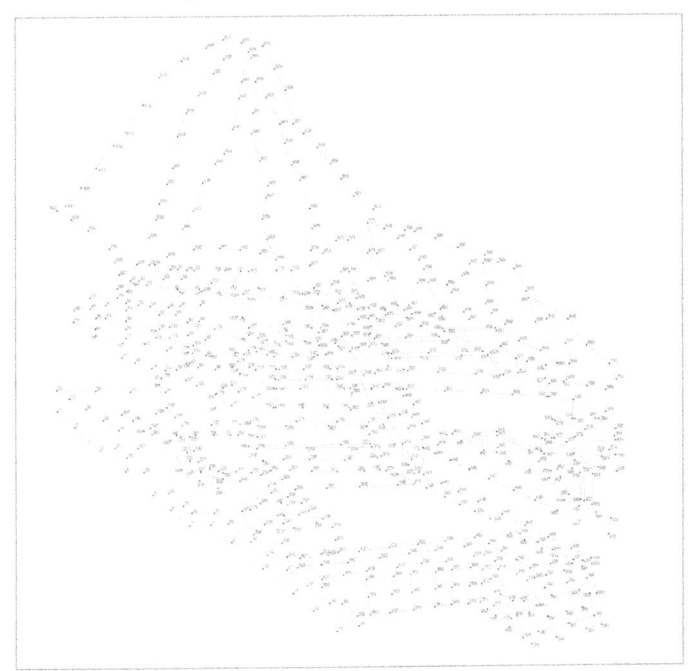

Page 67: Yucatán, Mexico: Chichen Itza

Page 69: New York, USA: Empire State Building

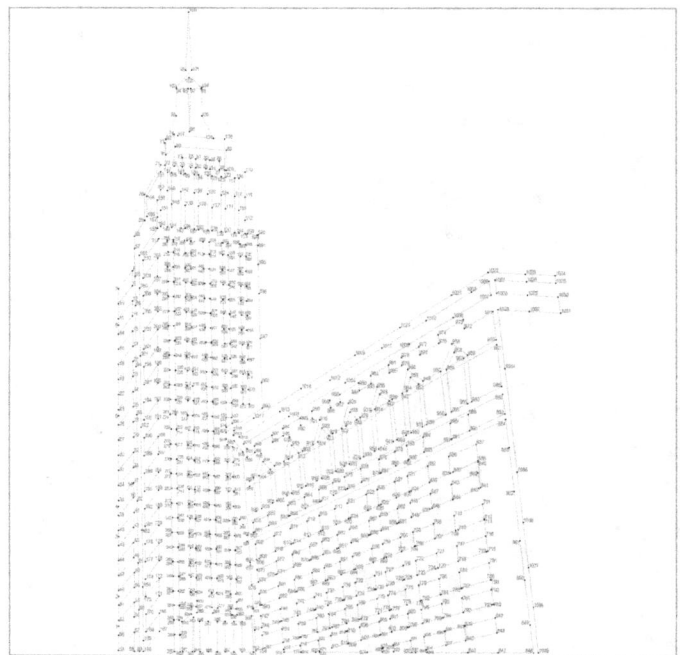

Page 71: New York, USA: Times Square

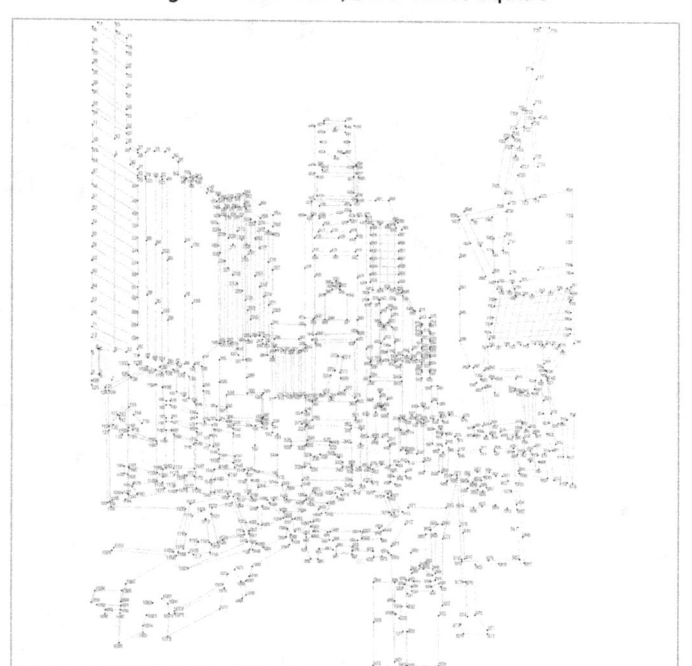

Page 73: New York, USA: Statue of Liberty

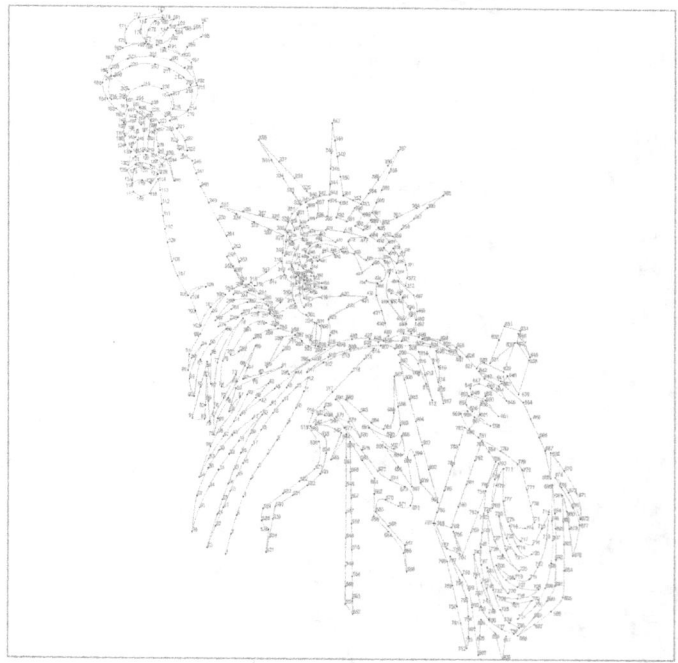

Page 75: Washington, USA: Lincoln Memorial

Page 77: South Dakota, USA: Mount Rushmore

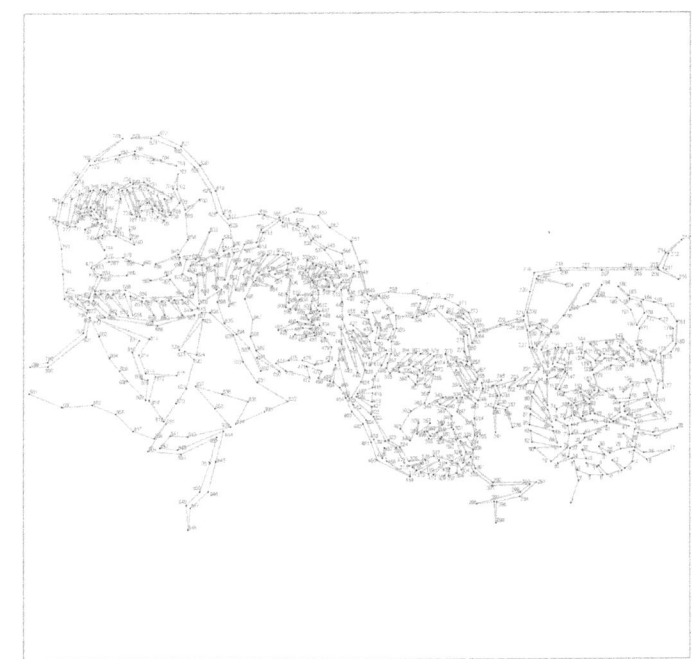

Page 79: Los Angeles, USA: Santa Monica Pier

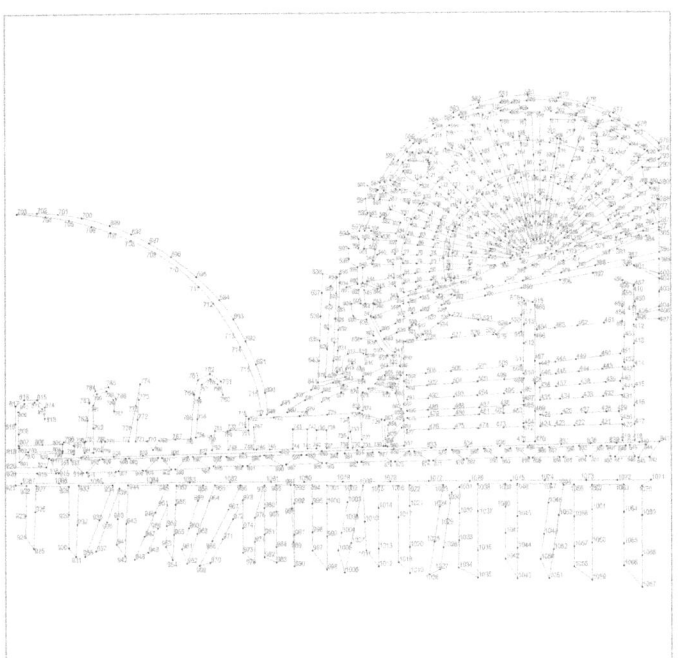

Page 81: San Francisco, USA: Golden Gate Bridge

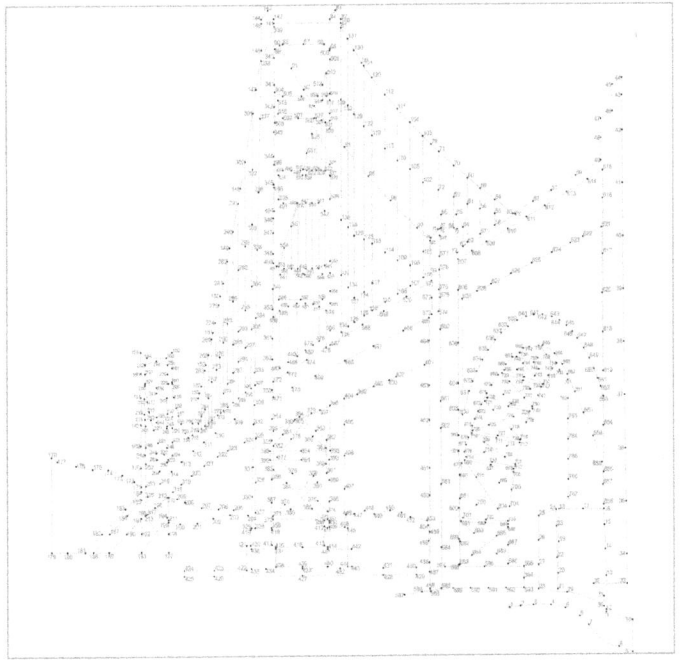

www.ingramcontent.com/pod-product-compliance
Lightning Source LLC
Chambersburg PA
CBHW080611220526
45466CB00010B/3310